Construindo pontes

10 passos do AQUÁRIO (emprego) para o OCEANO (trabalho)

Antonio Amorim

Construindo pontes

10 passos do **AQUÁRIO** (emprego) para o **OCEANO** (trabalho)

QUALITYMARK

Copyright© 2008 by Antônio Amorim

Todos os direitos desta edição reservados à Qualitymark Editora Ltda.
É proibida a duplicação ou reprodução deste volume, ou parte do mesmo,
sob qualquer meio, sem autorização expressa da Editora.

Direção Editorial SAIDUL RAHMAN MAHOMED editor@qualitymark.com.br	Produção Editorial EQUIPE QUALITYMARK
Capa RENATO ARTES & ARTISTAS	Editoração Eletrônica MS EDITORAÇÃO

CIP-Brasil. Catalogação-na-fonte
Sindicato Nacional dos Editores de Livros, RJ

A916c

Amorim, Antonio Luiz, 1956-

Construindo Pontes : dez passos do aquário (emprego) para o oceano (trabalho) / Antonio Amorim. – Rio de Janeiro : Qualitymark, 2008.
112p.:

Inclui bibliografia
ISBN 978-85-7303-815-6

1. Profissões – Mudança. 2. Satisfação no trabalho. 3. Profissões – Desenvolvimento.
I. Título.

08-2911
CDD: 650.14
CDU: 331.548

2008
IMPRESSO NO BRASIL

Qualitymark Editora Ltda.
Rua Teixeira Júnior, 441
São Cristóvão
20921-405 – Rio de Janeiro – RJ
Tel.: (0XX21) 3860-8422/3295-9800

Fax: (0XX21) 3295-9824
www.qualitymark.com.br
E-mail: quality@qualitymark.com.br
QualityPhone: 0800-263311

DEDICATÓRIA

Dedico ao meu filho Caio, para que possa encontrar no autoconhecimento e na espiritualidade o sentido da sua vida.

E que essas reflexões possam gerar benefícios a todos que tiverem acesso a este livro.

APRESENTAÇÃO

Mudança!

Por Ralph Chelotti

Presidente da Associação Brasileira de Recursos Humanos – ABRH-NACIONAL

Quem nunca ouviu essa palavra sem sentir um leve frio na espinha?

Por mais que seja algo tão freqüente no mundo corporativo, o inesperado sempre causa certo receio em cada um de nós, mesmo que estejamos preparados para ele. E se é assim entre executivos numa organização, imagine o que uma guinada na carreira não causa a um profissional.

A imagem do peixe no aquário e do oceano, que Antonio Luiz Amorim trata neste livro, não poderia ser melhor para traçar a estratégia ideal para evitar possíveis desconfortos da mudança na carreira. Sair da zona de conforto e limitações impostas pela empresa em que atuamos ou das que nós mesmos nos impingimos e mergulhar com segurança no grande mar de oportunidades que o mercado oferece ou que devemos criar pode ser uma ação de grande risco, mas de grandes recompensas. E Amorim com uma abordagem simples e educativa, nos dá os passos para que esses frutos sejam os melhores possíveis.

Quem nunca sonhou um dia em jogar tudo para o alto e realizar o sonho de infância? Quem nunca pensou em "demitir" o chefe e lançar-se de corpo e alma em outros desafios profissionais? Quem nunca se sentiu tolhido em suas competências, infeliz com seu trabalho e ansioso para essa fase um dia ter fim? Ao menos uma vez em nossas vidas passamos por situações como essas, mas, muitas vezes, o medo de perder status, poder e, também, dinheiro, nos fez engolir alguns sapos e bancarmos o peixe triste dos aquários empresariais. E o nosso sonho vai, cada dia mais, por água abaixo.

Mas de nada adianta ser radical. Romper paradigmas, "pular" o vidro do aquário, pode não ser o melhor caminho para o oceano. Muitas vezes, pode-se cair numa caldeirada. "O estar pronto é tudo", já bem nos lembrava William Shakespeare na voz de Hamlet, diante de um duelo que poderia custar a vida do personagem. E para não sair ferido é preciso saber de onde se sai e para onde se vai. Ou seja, onde é q. eu to e pra onde q. eu vô!

E a obra do meu amigo Amorim nos ajuda a compreender todas as etapas desse caminho. Não por acaso são dez passos que nos ajudam a caminhar com as próprias pernas em direção ao que sonhamos, mas de forma planejada, madura e sustentável. Trata-se de uma luz sobre o tema transição de carreira que pode ser realizada dentro ou fora da empresa, pois lida com o autoconhecimento e com a maneira de encarar o mundo ao nosso redor – fontes inesgotáveis de crescimento profissional e pessoal. E qual a empresa que não quer os melhores Talentos?

Se perguntarmos a dez executivos de recursos humanos o que tira o sono de cada um deles, entre as respostas mais citadas estará a busca de talentos. Com mercados mais conectados, com um número crescente de empresas indo além de suas fronteiras e com uma competitividade que, para variar, está sempre crescente, ter nos quadros das empresas profissionais acima da média é um grande desafio. Mas, onde estão esses talentos?

Estão em toda parte, muitas vezes dentro de aquários ou no grande oceano do mercado.

Quero agradecer ao meu amigo Amorim, legítimo baiano de raízes, pela particular oportunidade que muito me estimou, que foi traçar essas pequenas idéias, fazendo a apresentação deste novo e querido filho para a sociedade.

E deixo aqui a minha mensagem final, esperando que cada um que possa ler este livro, saiba definir o como vai querer estar no amanhã.

PREFÁCIO

"Você pulou do aquário ou arrebentou o aquário?", me perguntou certa vez um Diretor de RH de grande empresa.

O conceito de "pular do aquário" seria o de uma mudança abrupta, sem planejamento, levado por uma demissão ou por apelo emocional.

Já o "arrebentar o aquário" ou as suas paredes, seria preparar-se, planejar a mudança, ter aliados e construir uma ponte para a mudança.

"Quer dizer que existe vida fora das empresas?", ouvi de outro, este último ligado a uma instituição financeira.

Vida fora das empresas é criar a sua própria realidade, o seu negócio, investir numa carreira solo ou em um conceito mais moderno, trabalhar a sua empregabilidade – o mundo do trabalho e não do emprego.

As reflexões que fizemos levaram-me a pensar mais sobre essa questão que é bem pertinente, não só à minha geração, bem como à daqueles que estão chegando ao mercado de trabalho.

Costumo dizer em conversas e palestras, que somos uma "geração meio". Ou seja, já não estamos na geração dos nossos pais (aquela em que o sonho de consumo era um emprego no Banco do Brasil ou Petrobrás, ou mesmo um outro emprego público e aposentadoria garantida), visualizamos um futuro com o olhar dos nossos filhos (a geração do trabalho e não mais do emprego) e ficamos dessa forma: a cabeça no passado, o olhar no futuro e o presente em constante mutação...

Certa vez, entrei em um banco e vi um folder, desses para divulgação de produtos, com uma imagem que me chamou a atenção (recortei e coloquei numa moldura).

Nela, um pequeno peixe, dentro de um aquário, avistava com olhar fixo, através da janela, um imenso oceano...

Em outra oportunidade, recebi um amigo, Gerente de Banco, no meu escritório, e ele questionava uma decisão que pensava em tomar: mostrei-lhe o quadro e pedi que refletisse em cima da imagem.

O que desejava naquele momento? Segurança e conforto ou risco e liberdade?

E percebo, em visitas a empresas e conversas com os profissionais, que essa é uma questão muito presente na vida das pessoas.

Normalmente quem está dentro do aquário questiona-o e visualiza o oceano.

Quem está do lado de fora por vezes angustia-se com a insegurança e pensa no aquário como solução...

E então? O aquário com a sua segurança (?) e conforto ou o oceano com tamanho risco e tamanha liberdade?

A felicidade não está nesta ou naquela opção, depende da natureza de cada um, mas para dar vazão à reflexão acima, considerando que a alternativa escolhida seja deixar o aquário e navegar nas ondas do oceano, vamos seguir com a provocação.

Qual seria a saída para essa mudança?

Para encarar esse desafio e não ficar esperando que a decisão passe por um enxugamento do quadro da empresa, a imagem da construção de uma ponte parece-me a ideal, associada a alguns passos que chamarei de os **"10 passos do Aquário (emprego) para o Oceano (trabalho)"**.

Originalmente todas essas reflexões fizeram parte de um artigo que foi publicado em alguns sites e veículos de comunicação escrita como HSM, ABRH, dentre outros, sendo posteriormente ampliado para essa versão em livro.

Essa é a viagem que lhe convido a fazer. A poder olhar o oceano a partir de você próprio, exercitar a arte da comunicação, a ter atenção com o emocional, ter atitude proativa, trabalhar a visão e o propósito, construir a ponte, buscar parceiros de viagem, trabalhar a auto-estima e planejar.

Não se esquecendo de deixar um espaço em branco para o inevitável, o surpreendente, o novo...

Sumário

Passo I: O Autoconhecimento 1
    Auto-Reflexão I 9

Passo II: Comunique-se 11
    Auto-Reflexão II 17

Passo III: Cuidado com o Emocional 19
    Auto-Reflexão III 27

Passo IV: Atitude Proativa 29
    Auto-Reflexão IV 37

Passo V: Ancorado no Propósito (Espiritualidade) 39
    Auto-Reflexão V 45

Passo VI: Negociando a Construção da Ponte 47
    Auto-Reflexão VI 54

Passo VII: Parceiros Alinhados com os Seus Valores 57
    Auto-Reflexão VII 63

Passo VIII: A Importância da Auto-Estima e da Paciência 65
    Auto-Reflexão VIII 73

Passo IX: Planejamento e Finanças 75
    Auto-Reflexão IX 81

Passo X: O Passo em Branco 83

Bibliografia 94

O Autor 95

PASSO I

O
Autoconhecimento

Passo I
O Autoconhecimento

Diz um ditado oriental que uma caminhada de duzentos quilômetros começa com um simples passo. Mas é fundamental dar um primeiro passo certo.

No caso dos nossos 10 passos, o primeiro passo é aquele que o filósofo Sócrates sinalizou "conhece-te a ti mesmo".

Para gerar a mudança é preciso e precioso, ampliar a consciência sobre si mesmo.

Não dá para acertar o seu relógio pelo do outro...

Ainda na imagem do peixe e do aquário, é preciso saber se a sua natureza é de "água doce ou salgada", rio e mar são diferentes...

Em outras palavras, estamos falando de autoconsciência.

A definição do Aurélio de autoconsciência é "consciência que adquire capacidade de refletir sobre si mesma, i.e., que se reconhece com o domínio da racionalidade, do pensamento ou dos chamados estados interiores; consciência-de-si".

Existem várias opções e trabalhos profissionais disponíveis no mercado, na ciência ou os chamados "alternativos", para ir à busca desse caminho de si próprio.

Terapias, vivências, testes psicológicos, *coaching* individualizado, trabalhos com guias espirituais, caminhos de busca, xamanismo, enfim, o que não falta são caminhos...

Há um pensamento que traduz bem essa escolha: "quando o aluno está pronto, o mestre aparece".

Tudo irá partir de um desejo profundo e interno.

O notável psicólogo Pierre Weill chama esse momento de "o momento dos mutantes".

É aquele tempo em que não bastará uma recheada conta bancária, ou mesmo um belo emprego, existirá, sim, um apelo da alma para que você toque o seu verdadeiro instrumento na orquestra da vida.

E qual será esse instrumento?

Infelizmente o nosso modelo educacional vigente, em nada ajuda nessa busca.

Por tudo isso, a busca fica mais para frente, quando ainda há tempo...

Mas sempre haverá tempo de tocar o próprio instrumento.

O navegador e escritor Amyr Klink deu um interessante depoimento a um jornal:

> *"Agradeço profundamente ter escolhido Economia. Quando terminei o curso e o estágio no banco, não sabia o que queria fazer da vida, mas sabia exatamente o que não ia fazer – ser Economista".*

É muito comum, na idade do pré-vestibular, encontrar pais e alunos aturdidos com a indecisão da escolha da profissão (às vezes essa dúvida não é só do aluno...).

Enquanto isso, nas "celas de aula", estão todos muito preocupados com as notas e com a lista de presença. Ainda nos deparamos com essa situação mesmo em conceituadas universidades e em cursos de pós-graduação!

O mais incrível desse modelo é que as tão decantadas "**habilidades e competências**", hoje valorizadas e remuneradas pelas empresas, dentro das escolas são "niveladas por baixo", ou seja, você tem que ser "bom em tudo", para só mais tarde poder dedicar o tempo que lhe resta (!) ao que, efetivamente, deseja.

A lógica ensinada aos pais dos nossos pais era aquela do "se você tem, você faz e você é" (ter, fazer, ser).

O caminho sem volta do autoconhecimento (felizmente!) mostra que essa lógica precisa, urgentemente, ser invertida: "você é, você faz e, por conseqüência, você tem" (ser, fazer, ter).

Esse "sacrifício" que é para muitos o trabalho, é na verdade um "sacro-ofício" para aqueles que se identificam com a sua atividade profissional.

Como acredito que a revolução é do individual para o coletivo, e não o inverso, há de ser feito algo sem esperarmos que as escolas e universidades, tão a serviço do continuísmo e de interesses econômicos, modifiquem tudo isso que ainda vige.

E daí, cabe investigar-se, conhecer-se, investir em si próprio, aos apelos da alma, para que a vida não passe como para "Carolina, que via a vida e a banda passando pela janela".

Conheci de perto o trabalho do Prof. Artemio Longhi, doutor em psicologia e parapsicólogo, criador do Laudo Parapsicométrico (Método Longhi) de orientação profissional Integral e dos 7 desenhos projetivos, que propõe que as profissões sejam designadas com os termos **ator** e **papéis** a serem desempenhados. Mas, diz ele, "para descobrir qual desses **papéis** você quer representar, só mesmo conhecendo profundamente quem é você".

Esse teste define não só uma profissão, mas, sobretudo descobrir as suas potencialidades, fraquezas (as primeiras ajudando a eliminar as últimas) e conhecer a pessoa por completo, nos seus aspectos dedutivos e intuitivos.

Encantado com esse trabalho, fiz a formação como orientador e tive a oportunidade de atender vários candidatos, das mais diversas idades em meu escritório e constatar a felicidade que eles saíam com a definição de um caminho a partir da autoconsciência.

Uma outra abordagem muito interessante é o trabalho de *Coaching*.

Você já pensou que em algum momento da sua vida, já foi ou está sendo o *Coach* de alguém?

A palavra *Coach* vem dos esportes (em inglês significa "técnico esportivo") e é, também, o termo antigo usado para carruagem. Este significado se aplica, de certa forma, ao papel do *Coach* porque ele ajuda alguém a "transportar" seu sonho para a realidade e a se "transportar" de um determinado lugar para o outro, de um padrão de competência para outro.

Segundo Ane Araújo, autora do livro *Coach: Um Parceiro para o seu Sucesso*, o "*Coach* é um líder, um líder de bastidor, que não está diante dos holofotes. Ele está por trás, fazendo a equipe atingir o pódio, ajudando a equipe a alcançar determinado resultado.

Ele consegue colocar limites e explicitar o seu propósito – o de criar uma base de confiança e responsabilidade para poder ajudar o cliente a crescer. O *Coach* age para que ele elimine seus bloqueios e descubra por si mesmo o prazer de viver e de realizar seus sonhos".

Uma diferença clara entre um *Coach* e um Chefe é que este último é "imposto", via de regra você não escolhe, enquanto que para exercer o papel de *Coach*, ou de líder-*coach*, é necessário que haja a concordância do "*coachee*" ou cliente.

A **construção de uma relação de abertura e confiança**, entre o *Coach* e o cliente, é a primeira etapa para o trabalho de *Coaching*.

A partir daí, temos as demais etapas do trabalho de *Coaching*, que são:

- **Construção da Visão** – A visão é uma "síntese simbólica do propósito", dá significado e poder à ação. Molda o olhar (a percepção) com entusiasmo e confiança e tem um sentido de serviço.

- **"Bagagem de Mão"** – Fazem parte da "bagagem de mão" nossos valores, atitudes, padrões de comportamento, forças e fraquezas, sucessos e fracassos. Medo e frustração também. Algumas coisas são mais permanentes e podem facilitar a vida. Outras são apegos, pesos inúteis na bagagem.

É a partir da visão de futuro que você determina o conteúdo da sua "bagagem de mão" e não o inverso.

- **Plano de Ação** – O plano de ação deve considerar a visão de futuro, resultados pretendidos, análise do *gap* (o que falta), ações (estratégicas e táticas), competências em uso, pessoas envolvidas, prazos, agenda de acompanhamento (para facilitar o *feedback* e eventuais redirecionamentos).

Podemos dizer também que nem todo líder é um *Coach*, mas todo *Coach* é um líder e que o *Coach* "joga junto" com o cliente ou *coachee*.

Nas organizações, o entendimento do papel do *Coach* e do processo é fundamental na obtenção de resultados e na modernização da cultura. Podemos nos perguntar: "O quanto desempenhamos bem este papel? Queremos que o outro seja o que quiser ser ou aquilo que não conseguimos ser? Deixamos que ele escolha livremente o seu caminho, oferecendo-lhe o suporte necessário, ainda que sua escolha frustre algumas de nossas expectativas?".

Você provavelmente já teve a experiência de ir a um programa de treinamento e ficar entusiasmado com as novas maneiras de pensar e depois perceber que não conseguia lembrar quais eram elas. Um estudo de 1997, com 31 gerentes do setor público, realizado por pesquisadores do Baruch College constatou que só um programa de treinamento aumentava a produtividade em 28%, mas o acréscimo do acompanhamento de um *Coach*, ao treinamento aumentava a produtividade em 88%(!), conforme demonstra o artigo "A Neurociência da Liderança", publicado pela HSM Management.

Segundo Jeffrey Schwartz, psiquiatra e pesquisador da faculdade de medicina da University of California em Los Angeles (UCLA) e David Rock co-criador do currículo de *coaching* gerencial da School of Continuing and Professional Studies, da NewYork University, quando as pessoas resolvem um problema por si sós, o cérebro libera uma corrente de neurotransmissores como a adrenalina. Esse fenômeno fornece uma base científica para algumas das práticas do *coaching* de liderança. Em vez de dar aulas e fornecer soluções, os *coaches* eficazes fazem perguntas pertinentes e dão apoio a seus clientes para que eles próprios descubram as soluções.

Os cientistas cognitivos sabem há uns 20 anos que o cérebro é capaz de mudanças internas significativas em resposta a mudanças ambientais, um achado surpreendente quando constatado pela primeira vez. Sabemos agora também que o cérebro muda em função de onde um indivíduo concentra sua atenção. O poder está no foco. A atenção reformula continuamente os padrões do cérebro. Entre as implicações: as pessoas que praticam uma especialidade todos os dias literalmente pensam de modo diferente, por meio de conjuntos de conexões distintos, das que não praticam a especialidade. Nos negócios, profissionais em funções diversas – finanças, operações, jurídico, pesquisa e desenvolvimento, marketing, *design* e recursos humanos – possuem diferenças fisiológicas que os impedem de ver o mundo da mesma forma.

Embora todas as pessoas tenham algumas funções amplas em comum, na verdade cada uma possui uma arquitetura cerebral única. Os cérebros humanos são tão complexos e individuais que é quase inútil tentar imaginar como outra pessoa deveria reorganizar o seu pensamento. É muito mais eficaz e eficiente ajudar os outros a chegar às suas próprias percepções.

O poder verdadeiramente está no foco e na atenção necessários.

O *Coach* tem o compromisso de levar o outro ao "pódio" e o seu foco está no desempenho e na auto-estima.

Pelas razões expostas, as organizações estão identificando a necessidade de preparar as suas lideranças para atuar no papel de líder-*coach*.

É importante deixar claro que *Coach* não é cargo e sim comportamento.

Existem vários caminhos, mas o fundamental é que cada um busque a si próprio.

A diferença estará no conhecimento, na habilidade e na competência adquiridos e muito mais ainda se você estiver apaixonado pelo que está fazendo, ou seja, se isso tudo estiver vindo ao encontro do seu processo de autoconhecimento.

Quando o encontro com o próprio instrumento chega, "o decidido ri".

Auto-Reflexão I: O Autoconhecimento

Responda à pergunta abaixo, com 20 adjetivos, como você se percebe (pessoal e profissionalmente):

Quem sou eu?

PASSO II

Comunique-se

Passo II
Comunique-se

É importante ter humildade e conversar com outros que já estão navegando no oceano que você quer entrar, há mais tempo.

Saber das dores e delícias é poder conectar-se com esse novo mundo, sabendo, entretanto, que cada experiência é única...

A riqueza e pluralidade do saber coletivo são sempre maiores que a individual.

A sabedoria popular já sentenciou: "quem tem boca vai a Roma...".

Se o seu desejo for ser Consultor de Organizações, por mais competência que você tenha, terá muito a aprender com quem já está atuando nesse mercado.

Isso vale para qualquer profissão ou negócio.

A arte da comunicação está a nosso serviço – é fundamental encontrar as pessoas certas para conversar, buscar os mecanismos de informação e preparar-se para a viagem.

Sim, é como uma viagem. Quando vamos viajar para algum lugar desconhecido, seguramente buscamos informação.

Como não fazer isso com uma nova profissão, uma nova atividade?

No mundo moderno, você coloca uma palavra num site de busca e aparece uma quantidade enorme de informações sobre o que você está procurando.

"Quem não vive os benefícios do seu tempo, do seu tempo só vive os males".

Não abro mão, entretanto, do contato pessoal, presencial, da experiência viva do outro.

Existe um ditado árabe que diz que existem três tipos de homens: os burros – que não aprendem com as próprias experiências, os inteligentes – que aprendem com as próprias experiências e os sábios – que aprendem com as experiências dos outros.

A vida é uma grande mesa de negociação...

Encontrar a pessoa certa para obter informações e negociar depende primeiro de você estar conectado com o QUE você quer.

Seguramente o outro vai aparecer.

"Quando você sabe qual é a pergunta, tudo vira resposta"...

Você já percebeu que quando você compra um carro novo, passa a ver esse modelo mais vezes nas ruas do que via antes?

"Aquilo a que você dá atenção faz parte da sua realidade e aquilo a que você não dá atenção desaparece da sua realidade".

Mas como você está se comunicando?

Sempre me chamou a atenção, a forma como costumamos iniciar os nossos encontros, sejam eles fortuitos ou não.

– Tudo bem?

– Tudo, e você?

– E aí, tudo em paz?

– Tudo!

Certo dia, eu estava sob forte apelo emocional, quando ouvi a indefectível frase dita por uma amiga:

– Você está bem?

– Não!

Do outro lado, um silêncio tumular...

Mais tarde, e outra vez a mesma frase dita por outra: "Tudo em paz?" "Não!"

Dessa vez, depois das explicações, ouvi algo como: – "Nossa! Eu tomei um choque...".

Tudo isso é curioso e cabe uma reflexão: O quanto de automatismo estou colocando em minha vida, o quanto me permito expor os meus sentimentos? E que preço estou pagando por representar para o outro que estou bem? Que obrigação eu tenho de aparentar estar bem, se eventualmente posso não estar? Já perceberam que as formigas quando caminham, parecem dar uma parada e trocar informações entre elas? Será que também dizem: "Tudo bem?", "Tudo!"

E de quem é a responsabilidade por não produzir abertura e verdade? De fato é sempre minha, é sempre do emissor. Abertura gera confiança que gera mais abertura que gera mais confiança, a base de sucesso de qualquer relação...

É claro que não estamos falando daqueles encontros ao atravessar de uma rua, quando o sinal abriu e com alguém que você não vê há muito tempo, mas, sim, das relações próximas e daquelas que poderão se tornar próximas sejam pessoais ou profissionais. Outro dia, estive em uma empresa que colocou no mural da fábrica um quadro com ímãs em que o funcionário escolhe um dos três bonecos que identificam o seu estado de humor. Observei que dentre eles um ou outro escolheu um boneco com o rosto triste. Perguntei à líder da área o que era feito com isso e ela respondeu que faziam algo muito especial: conversavam!

Achei curioso e interessante, afinal e provavelmente se ao invés de atentar para a sinalização e procurar o colega, ela simplesmente perguntasse... "Tudo bem?" Provavelmente ouviria... "Tudo!"

Também já ouvi em outra empresa que "os problemas devem ser colocados no cabide na entrada da empresa... na saída eles apanham de volta!". Na verdade, nem as máquinas conseguem fazer isso...

Tente trabalhar com o seu computador, no dia em que ele está infectado por um vírus tipo "Cavalo de Tróia" e diga-lhe para deixar o vírus na porta de entrada da área de trabalho...

Voltemos aos meus diálogos do início: "Tudo bem?", "Não!", "Tudo em paz?", "Não!". Depois que eu pude dizer a essas duas pessoas que são muito próximas a mim, que eu não estava bem em razão do estado de saúde de um ente muito querido, que estava procurando ter equilíbrio em uma situação de caos etc., o que eu tive de volta? Conforto, acolhimento, solidariedade, respeito ao meu processo...

E tive, sim, internamente, uma sensação de paz, pude celebrar comigo mesmo essa descoberta tão simples, tão conhecida pelas palavras do Mestre: "Busque a verdade e a verdade te libertará".

Se nada no externo mudou, tirar as amarras de iniciar um contato representando algo que eu não estava sentindo, apenas para não chocar o outro, foi mesmo libertador.

Tudo bem?

Portanto, perceber-se e colocar atenção, foco, mentalizar o que você quer, vai lhe trazer as pessoas certas, aquelas que falarão a você, aquilo que você precisa saber, desde que abertura e confiança andem de mãos dadas.

Quando sou sincero comigo, sou com o outro e isso fará uma enorme diferença no meu processo de comunicação.

"O que você é (ou como está) fala tão alto aos meus ouvidos, que eu não consigo escutar o que você diz..."

AUTO-REFLEXÃO II: A COMUNICAÇÃO

Está claro para você o que você deseja?

Como anda a sua rede de relacionamentos?

De que forma você alimenta essa rede?

Você prefere ambientes de inclusão (tipo coquetel) ou ambientes de abertura (onde pode falar das suas questões mais pessoais)?

PASSO III

Cuidado com o emocional

Passo III
Cuidado com o Emocional

Acompanhei decisões de mudanças, movidas pelo emocional ("não agüento mais isso", "chutei o balde"), mobilizarem decisões que muito freqüentemente levaram ao arrependimento, justamente pela falta de planejamento da decisão.

No caso do primeiro questionamento, o peixe literalmente estaria "pulando do aquário", já que num movimento brusco (emocional) decidiu sair, mas não estava preparado, não tinha observado os capítulos anteriores.

É como "saltar no vazio". Você satisfaz o ego, momentaneamente e tem, como diz o Paulo Gaudêncio, em *Minhas Razões, Tuas Razões* "uma compensação de curto prazo e, provavelmente, um arrependimento de longo prazo".

Você satisfez o instinto, "chutou o pau da barraca", mas e daí?

Entramos aqui no campo da chamada Competência Emocional.

Competência emocional é uma capacidade adquirida, baseada na inteligência emocional, que resulta no desempenho destacado no trabalho. No centro desta competência encontram-se duas aptidões: a empatia, que envolve ler os sentimentos dos outros e habilidades sociais, que permitem lidar bem com esses sentimentos.

Trabalhar o emocional é, em última análise, conhecer-se e ficar atento aos impulsos, não negá-los, mas ter controle sobre eles.

Utilizar técnicas como respiração, contar até dez, não responder de imediato – já experimentou deixar para responder um e-mail polêmico, no dia seguinte?

Você irá perceber uma enorme diferença...

Aquelas respostas carregadas de emoção, que você daria, quase que pulando na tela do computador, no dia seguinte terão uma nova roupagem, um novo conteúdo. Sem o emocional comandando, as idéias surgirão de forma mais serena e as suas experiências (o que você aprendeu com elas), e pesar os prós e contras surgirão em sua mente.

Um samurai não ataca enquanto está movido pela raiva... Eis um bom ensinamento!

Um dos métodos da negociação baseada em princípios é "Separe as pessoas do problema".

Quando não separamos as pessoas do problema tendemos a confundir, misturar as coisas e, para isso, é preciso que as emoções estejam sob controle.

O grande cientista Einstein dizia: "A única verdade absoluta no universo é aquela que compreende todos os pontos de vista possíveis".

Em desarmonia emocional será que você conseguiria enxergar algum outro ponto de vista que não apenas e tão somente o seu?

Como está o seu corpo neste exato momento?

A sua respiração?

Você está se sentindo em paz ou está agitado, impaciente?

No segundo caso, agitado ou impaciente, com certeza não é um bom momento para tomar decisões.

Quem está no comando? Você ou as suas emoções?

Responda sempre essas questões antes de decidir, de encaminhar uma resposta.

O corpo fala e o corpo é um grande sinalizador, fique atento permanentemente ao seu corpo.

Veja o que diz William Ury, antropólogo americano e negociador internacional:

— O ser humano tem a tendência a reagir com fúria, o que costuma despertar muitos arrependimentos no futuro. A solução para isso é o que eu chamo, metaforicamente, de "sair para a sacada". Significa sair por um segundo da situação e tentar lembrar o que, de fato, é relevante naquele momento.

Um dos aspectos que afetam negativamente a competência emocional é o mecanismo de comparação.

"Reconheça quem você é e não lamente ser quem você não é" – Alan Katcher.

Para fugir disso pense no "Código Digital".

Código pode remeter ao famoso Código Da Vinci e Digital pode levar-nos a uma era que chegou e dominou as nossas comunicações de uma forma geral.

Na realidade, não é este o foco da minha abordagem.

Aurélio define também digital como "Dos ou pertencente ou relativo aos dados; impressão digital".

É desse código que vou lhe convidar a refletir. O Código Digital.

A população mundial, conforme estudo, em 2000, era de 6,1 bilhões de pessoas, em 2020 é prevista em 7,8 bilhões.

Pense bem, 6 ou 7 bilhões de pessoas e a sua, a minha digital são únicas.

Nascem pessoas todos os dias e nenhuma digital se reproduz igual.

Que código é esse?

O que ele quer nos dizer?

Se nenhuma digital é igual à outra, podemos inferir, claramente, que ninguém é igual a mim e ninguém é igual a você! Estou certo?

A reflexão e ilação que eu gostaria de trazer a partir de agora está no campo do comportamento e das relações humanas.

Costumo dizer que a vida pode ser comparada a uma grande fila humana.

Pense em uma fila de cinema, num dia de grande lotação.

Do ponto que você está, se não for o primeiro ou o último da fila, você encontrará muita gente à sua frente e muita gente atrás de você, não é verdade?

O ponto da sua evolução pessoal, espiritual e profissional encontra-se também sob uma grande "fila".

É sabido que um dos grandes males das emoções e da comunicação humana é a comparação.

Se eu me comparar com o melhor de cada pessoa que eu conheço eu aciono uma fórmula infalível para entrar em baixa auto-estima.

O Psicólogo Flávio Gikovate diz que "a máscara do outro é sempre mais poderosa do que a nossa".

Por outro lado, se eu me comparo com o pior de cada pessoa que eu conheço, ao invés de aumentar a minha auto-estima eu posso entrar em prepotência.

Comparar-se é um crime com a sua alma e com as suas digitais!

Comparar é completamente diferente de se inspirar.

Você pode ajudar o outro a se inspirar em você e você pode se inspirar no outro.

A cada dia eu manifesto um comando interno, quase que um mantra, algo que me diz assim:

"Você não tem que ser melhor do que ninguém. Você tem que ser melhor do que você!".

Cada um só consegue colocar no Universo as suas próprias digitais, o quão diferente elas podem ser.

Para fugir das toxinas da comparação e ancorar no porto da singularidade-plural que é a existência humana, com toda a sua interdependência, há que se conhecer e reconhecer como uma digital única.

O que eu vejo no mundo e no outro o faço a partir de uma visão interna.

Só posso mudar o que está lá fora, mudando o que está aqui dentro.

Esse é o Código e aqui estão as minhas impressões digitais...

Outra questão importante para cuidar e tratar o emocional é perceber a atuação da mente.

Outro dia, "zapeando" os canais de TV, acabei assistindo uma interessante entrevista do Frei Beto. Nela, o Frei Beto comentava sobre o período em que esteve preso, durante a fase da ditadura, revelando que se valeu em alguns momentos de estudar e "dar aulas" na cadeia. As aulas eram ministradas para turmas imaginárias, ele mentalizava a sala, os alunos e lecionava filosofia. Esse recurso era por ele utilizado para cuidar do que chama de "**a louca da casa**". E sabem quem é a "louca da casa?".

É a mente! Segundo o mesmo, o que enlouquece os presos é justamente a mente, os processos mentais...

Fiquei refletindo sobre essa intrigante colocação, e sobre o que pode fazer a mente, ou "a louca da casa", estejamos presos ou não. "Estou aqui, mas gostaria de estar ali, estou ali, mas gostaria de estar acolá." Quantas vezes nos pegamos nessa situação? (E olhe que isso não é muito diferente de estar "preso..."). Doar-se ao momento presente, prestar atenção, é o grande desafio do ser humano.

Pesquisas francesas revelam que passamos 70% do tempo vivendo o passado, 25% vivendo o futuro e só – pasme! – 5% vivendo o presente.

A louca da casa, do Frei Beto, veio definir com precisão o cuidado que devemos ter com as armadilhas e dualidades da mente, cuidar e educá-la.

Diz o Lama Padma Samtem, que todo o ensinamento do Buda se resume a:

"Fazer o bem, não criar sofrimento e **dirigir a própria mente**". E de novo, olha ela aí... Dirigir a própria mente é não ficar refém da "**louca da casa...**".

Esse é um belíssimo e grande desafio, um enorme exercício, sem o qual não há riqueza ou paraíso que sossegue, caso a "louca" continue desgovernada.

Tive acesso a um maravilhoso texto do Osho, chamado "Os sete vales". Numa prova inequívoca de que conectamos com o que estamos sintonizados, destaquei do texto o seguinte parágrafo para confirmar a tese sobre o nosso personagem principal (a mente).

> ..."E a mente espera e vigia – se alguma oportunidade surgir, ela imediatamente saltará e tomará posse de você. Ela tem sido o seu mestre, você tem agido como um escravo. A mente não pode aceitar que você tenha se tornado um mestre assim tão de repente. Leva tempo. [...] Todas as histórias sobre o demônio nada mais são do que histórias sobre a mente."

De Frei Beto a Osho, passando pela pesquisa francesa e pelo Budismo, encontramos uma mesma "placa de sinalização" nesse caminho: Cuidado com a mente!

Ampliar a consciência ("o inconsciente é um bosque sombrio"), buscar a auto-responsabilidade, autocura e auto-amor, parecem ser instrumentos para educar a mente. Quem sabe fazer com que ela mostre o melhor de si e trabalhe a nosso favor.

AUTO-REFLEXÃO III: O EMOCIONAL

Como andam os seus pensamentos e sentimentos?

Você tem se comparado com os outros ou com você próprio?

Você costuma responder e-mails de "bate pronto"?

Quem está no controle das suas respostas?

PASSO IV

Atitude proativa

Passo IV
Atitude Proativa

Ouvi certa vez que "o único ser humano que gosta de mudança é o bebê quando a fralda está molhada, mas ele só gosta que a troque quando a fralda esfria...".

Essa metáfora retrata bem o quanto desejamos que tudo fique do mesmo jeito, o quanto torcemos que aquela onda passe e voltemos a ser felizes como fomos (?) no passado.

Que todo aquele desajuste seja momentâneo, que a empresa volte a dar lucro, que seja apenas uma impressão passageira, que o que aconteceu com os meus colegas (a demissão) não me atinja...

É como olhar para o céu, carregado de nuvens e torcer para desaparecerem, aparecer o sol e pegar uma praia.

Uma terrível luta interna entre desejo e realidade.

Há uma estória interessante sobre o sapo: Se um sapo for jogado numa panela fervendo ele vai pular.

Se for colocado na panela com água fria e a água for esquentando aos poucos, ele vai ser cozido sem perceber.

E assim acontece nas empresas...

Mudanças lentas, parciais, produzem uma sensação de que a água está esquentando aos poucos, não percebemos que "nada será como antes", mas insistimos em permanecer nas mesmas carteiras, fazendo as mesmas coisas e torcendo para que "essa onda passe"...

Será que vai passar?

Vai passar ou vai me levar junto?

Tal qual o sapo, a sugestão é "não espere ser cozido na panela".

Atitude proativa. Visão da Águia!

É preciso enxergar longe e enxergar antes!

A Águia é o animal que voa mais alto e que tem uma longa vida.

Numa determinada fase da sua vida ela se recolhe, arranca as garras velhas e espera nascer novas, troca as penas e dá um novo vôo de renascimento.

Fazer como Águia, ao invés do sapo que não percebe a alteração na temperatura da água é criar um novo mundo, buscar novas oportunidades, ser agente de mudança da única vida que você pode mudar: a sua!

É evidente, como no exemplo da Águia, que não existe "parto sem dor".

Citando ainda o Paulo Gaudêncio ele diz "não tem jeito"... Se você ainda não decidiu está angustiado, se decidiu está frustrado.

O caminho é sempre esse: "não decidiu angustiou, decidiu frustrou".

E por que e de onde vem a frustração?

Vem do que você vai ter que abrir mão, não tem jeito.

Vou ao cinema ou à praia?

Se vou ao cinema e vejo aquele ótimo filme, deixo de relaxar na praia, de curtir a natureza, mas se opto por ir à praia, perco um maravilhoso filme...

Então, na empresa, se fico corro o risco de ser levado junto com a maré das mudanças, se saio corro o risco do novo e de perder todos aqueles benefícios e a pseudo segurança que tenho.

Escolhas, sempre elas!

Da hora que nascemos à hora da passagem, duas únicas obrigações: morrer e fazer escolhas!

O lado bom de tudo isso é poder olhar para trás e ver que tudo que me cerca, tudo que tenho eu escolhi.

Se é verdade com o que aconteceu até aqui, será verdade também daqui pra frente.

E agora, José?

A festa acabou

A luz apagou

O povo sumiu...

Carlos Drummond de Andrade

Vejam esse diálogo por telefone:

– Quem gostaria de falar com o Sr. Garcia?

– Amorim!

– De onde, Sr. Amorim?

– !!!!!!!

– Ah! Da minha casa, mesmo...

No diálogo acima, um caso real, sempre vejo os participantes das minhas palestras rirem muito e contarem as suas experiências sobre o que chamo de "sobrenome jurídico".

No mundo em que existia emprego formal em quantidade maior do que nos dias atuais (e futuros...), o "sobrenome jurídico" era incorporado com orgulho e quase apego.

José da Empresa Tal e Qual!

Quanto maior a empresa maior o orgulho e a entonação da voz.

O sobrenome já vinha junto na identificação por telefone, nos contatos comerciais...

A coisa era tanta que até hoje, as secretárias, atendentes, perguntam: Senhor Fulano de qual empresa? De onde?

Há exatos oito anos, deixei o meu "sobrenome jurídico" e passei a viver o mundo do EU S/A. Negociei com a empresa a minha saída, prestei consultoria para eles por um tempo e atuando em parcerias, passei a ter a minha atuação focada no Desenvolvimento Organizacional e Transformação Humana.

Quando brinquei com a secretária do meu amigo Garcia, o da ligação acima, o fiz conscientemente e talvez já guardasse material para esse livro.

Lembro ainda do meu diálogo com um Diretor Superintendente, após a minha promoção para Gerente Administrativo de duas empresas. Disse-me ele em tom cuidadoso: "Agora, que você é Gerente...".

Ao que, sem perder a oportunidade, tomei o cuidado de "demarcar o terreno": "Desculpe-me, mas prefiro acreditar que, **agora que estou Gerente...**"

Não entendi, qual a diferença?

Penso que aquilo que alguém pode me tirar eu **não sou**, eu **estou**.

Creio que ali, eu começava a suprimir o sobrenome jurídico da minha vida...

Ainda sobre essa fase, costumo contar sobre um aniversário meu, o primeiro comemorado na minha gestão como Gerente.

Foi inesquecível! Uma grande mesa, frutas, lanches, bolo, velas e parabéns. Vários colegas de várias áreas da empresa. Parabéns para mim!!! Para mim?

Não. Não era para mim. Era no mesmo dia do meu aniversário, mas aquela festa não era para mim.

Era para o ocupante do cargo. Era para o Gerente!

Saí da festa consciente disso. Afinal, eu já estava na empresa há 14 anos e nunca tinha visto algo parecido.

Tudo isso foi apenas para introduzir o tema Projeto de Vida.

Sim, existe vida sem "sobrenome jurídico".

Algumas, poucas, empresas já começam a dar atenção a essa nova etapa da vida dos seus colaboradores.

É uma atitude de respeito ao ser humano que passou grande parte da sua vida lá dentro.

É uma forma de mostrar aos que estão chegando que a "laranja não vai ser chupada e o bagaço jogado fora", tem semente a ser plantada.

Estatísticas mostram a elevação do tempo de vida do brasileiro.

A vida vai continuar, ou melhor, a vida vai começar de novo. Prepare-se!

O ser humano é o único equipamento que nasce sem manual, mas agora está na hora de você escrever o seu próprio manual.

Algumas sugestões, para constar do seu Projeto de Vida:

- Comece admitindo a hipótese de que você foi e é responsável por tudo que lhe acontece – desde as pessoas até as situações que você vive. Você as escolheu.
- Liste os seus prazeres favoritos.
- Escolha um para ganhar dinheiro – prazer, missão, dinheiro podem estar relacionados.
- Pense nas pessoas que poderão estar com você nesse projeto (nenhum homem é uma ilha).
- Reconheça e liste as suas qualidades, escolha as favoritas.
- Escreva uma meta para seu corpo, espírito, intelecto, social, para gozar a vida.
- Descubra o propósito da sua vida, o sentido da sua existência.
- Some talento com paixão pelo que você vai fazer nos próximos anos da sua vida!

Outro dia, ao terminar um Workshop sobre Projeto de Vida, recebi dois "presentes" de dois participantes e que certamente ficarão na "galeria de troféus".

Disse um deles, numa sessão de depoimentos espontâneos: "Professor, depois de tudo que eu vi e trabalhei aqui, o Diabo nunca vai encontrar a minha mente desocupada".

Outro disse: "Quero pedir uma salva de palmas para a nossa empresa por essa iniciativa. Entrei preocupada, depressiva, com medo da aposentadoria, mas saio cheia de confiança em mim".

Ter confiança em si é ter auto-estima elevada, se sentir importante, competente e ter amor-próprio.

Com isso, dá até para esquecer que algum dia você teve um "sobrenome jurídico".

– Tá certo, José?

Entre a comodidade do sapo e a visão da Águia, fique com a segunda!

AUTO-REFLEXÃO IV: ATITUDE PROATIVA

Você já pensou que o sobrenome jurídico vai acabar um dia?

O que você fará quando deixar esse sobrenome?

Do que vai ter que abrir mão?

O que vai passar a ganhar?

Quantos anos ainda pretende viver?

O que pretende fazer até lá?

PASSO V

Ancorado no propósito (espiritualidade)

Passo V
Ancorado no Propósito (Espiritualidade)

Espiritualidade não é sinônimo de religião, como bem diz Ken O'Donnel em *Valores Humanos no Trabalho* e complementa "é o espírito humano, a chama interna que nos diz que estamos vivos".

Qual é o sentido de serviço que tem o seu trabalho?

É o propósito que nos informa isso.

Ancore-se no propósito (a missão), o sentido de serviço.

É esse propósito, esse sentido de serviço, quem vai lhe segurar em momentos de tormentas e de ressaca da maré...

Contam que um Executivo disse certa vez, muito admirado, a Madre Teresa de Calcutá, quando ela cuidava de leprosos: "Irmã, eu admiro profundamente o seu trabalho, mas eu não faria o que a senhora faz, por dinheiro nenhum desse mundo".

E ela respondeu-lhe, singelamente: "Nem eu, meu filho...".

Era a missão e o propósito que definiam a ação dessa grande mulher.

Outros nomes conhecidos como Nelson Mandela, Betinho, Martin Luther King, Kennedy entre outros, guardam em suas biografias uma determinação sobre-humana.

Todos, indistintamente, uniram visão e propósito.

Quando Martin Luther King disse a célebre frase: "Eu tenho um sonho!" – a igualdade para negros e brancos, ele estava possuído de uma força indestrutível, a determinação.

Visualizar o ponto futuro é enxergar-se lá.

É trazer o amanhã para o hoje, com ações que legitimarão a conquista.

O que eu estou fazendo hoje, a cada momento, está de acordo com o meu sonho, com o meu propósito?

Cada atitude que tomo, contato que faço, relacionamentos que construo me conduzirão ao meu objetivo?

O meu propósito, a minha missão ajudará outras pessoas?

É preciso não perder de vista que tudo que é construído no mundo é para atender, para servir a outras pessoas.

De uma religiosa que cuida de leprosos, como Madre Teresa, a alguém que fabrica computadores, o destino final é um só: o ser humano.

O quanto da sua alma está no seu projeto?

Ele visa apenas o lucro?

O lucro é sempre um subproduto!

O lucro é sempre um subproduto... de algo bem feito!

A intensidade da entrega vai estar diretamente relacionada ao prazer que você enxerga no final da obra pronta.

Como um grande arquiteto!

Você é o arquiteto da sua vida e a sua obra é o que você vai deixar na sua lápide.

O que você gostaria que constasse da sua lápide?

AQUI JAZ ALGUÉM QUE...

Numa recente pesquisa sobre o homem mais admirado da história da humanidade, os dois nomes que foram mais citados foram Gandhi e São Francisco de Assis.

Todos sabem o que consta na lápide desses homens notáveis: a sua obra, a sua missão, o seu serviço, a sua visão, o seu propósito.

Quando a visão e o propósito são bem definidos para nós, outros se integram, outros acreditam, outros querem participar.

Tudo isso é o oposto de algo que chamamos de fingimento.

O que você finge?

"Eles fingem que me pagam e eu finjo que trabalho." A frase engraçada e aparentemente inofensiva traz em essência algo sério e comum nas relações de trabalho, extensivas às de natureza pessoal e afetiva. Fingir significa não estar inteiro. Se não estou inteiro conseqüentemente estou desconectado, o corpo está ali, mas o desejo é de não estar. Se apenas o corpo está presente, estou preso; se estou preso, estou sofrendo; se estou sofrendo, busco fuga ou caminho para a doença...

Já tive oportunidade de presenciar um caso inexplicável: uma empresa reduzir drasticamente o seu efetivo de pessoal para baixar o custo fixo e, tempos depois, o custo com a assistência médica ser bem maior do que quando o número de pessoas era quase três vezes maior. O referido custo tornou-se praticamente o mesmo da manutenção da planta industrial. A conclusão que se chegou à época foi de que as pessoas que foram "premiadas" com a manutenção do emprego estavam adoecendo por diversas razões: por terem ficado sobrecarregadas, assustadas, infelizes com o que e com quem estavam trabalhando. Mas continuavam fingindo...

O psicólogo e consultor americano Will Schutz, autor da metodologia *The Human Element*, disse: "Alegria é o que sinto quando estou usando plenamente o meu potencial". Quando finjo, estou distante do meu potencial e, conseqüentemente, da alegria. Alguém poderia dizer que quem finge que trabalha não tem condições de deixar seu emprego. Caímos aqui no campo da escolha. Quando eu admito ser responsável por tudo o que me acontece, admito que sou responsável pelas minhas escolhas e, conseqüentemente, posso mudá-las! A lente que passo a ver o mundo e o outro muda significativamente: será que ainda dá para culpar meus pais, o chefe, a empresa, o governo ou Deus por tudo o que me acontece?

Schutz disse ainda:

> *"A nova consciência necessária para resolver vários problemas pessoais, profissionais, internacionais e organizacionais é, acredito, a autoconsciência ou a autopercepção, diretamente relacionada à auto-estima".*

Estudos comprovam que temos muito mais de inconsciente do que de consciente. Se o conjunto maior (inconsciente) contém o conjunto menor (consciente), significa que, na medida em que amplio a minha consciência, diminuo a minha zona de inconsciente e, conseqüentemente, aumento as minhas possibilidades de mudar. E mudar conscientemente.

Em minhas apresentações, costumo citar o Achison, um taxista de São Paulo que oferece aos passageiros água mineral, jornal do dia e ligação local do seu celular. Os colegas o chamam de "puxa-saco" e reclamam que o mercado está péssimo. Mas ele sai todo dia com 80% do tempo fechado com clientes preferenciais. Pode ser que o Achison nunca tenha tido contato com teorias sobre verdade, escolha, auto-estima, mas ele comprova a tese de que "não existe nada mais prático do que uma boa teoria".

> *"A maior revolução de nossos tempos é a descoberta de que, ao mudar as atitudes internas de suas mentes, os seres humanos podem mudar os aspectos externos de suas vidas"*
> William James.

E isso passa pela consciência, pelo propósito, pelo sentido de serviço, ou se preferirem, pela espiritualidade.

Estudos mostram que as pessoas seguem o líder antes das idéias pela força dos seus ideais...

Auto-Reflexão V: Ancorado no Propósito (Espiritualidade)

O que você finje?

Se você ganhasse sozinho na mega-sena, gostaria de continuar a fazer o que faz hoje?

Qual sentido de serviço você vê no seu trabalho?

O que gostaria que constasse na sua "lápide"?

PASSO VI

Negociando a construção da ponte

Passo VI
Negociando a Construção da Ponte

É preciso negociar muito...

Muitas vezes...

Com muita gente...

Primeiro com você – saber do que vai precisar abrir mão, do que vai precisar abandonar – geralmente segurança, *status*, conforto – será que você está disposto?

Depois com os outros que estão com você (o outro só nos incomoda quando ainda não estamos resolvidos...).

A negociação mais difícil que realizamos nunca é com o outro, mas sim com nós mesmos.

William Ury, antropólogo americano, autor de *Como Chegar ao Sim – A Negociação de Acordos sem Concessões*, diz "o inferno somos nós".

Em entrevista à revista *Veja* de 30 de agosto de 2006, ele diz coisas como:

> *...A dificuldade em lidar com os outros existe apenas porque não somos bem resolvidos com nós mesmos.*
>
> *– Há quem pense que negociação é falar. Na verdade, os melhores negociadores, seja no mundo corporativo, seja na diplomacia, são aqueles que sabem escutar.*
>
> *– Um executivo passa metade do seu tempo negociando. Ele negocia com clientes, com fornecedores, com seus funcionários, com o conselho da empresa e com os colegas. Negociação é uma forma democrática de tomada de decisão.*

– Primeiro, é preciso definir exatamente o que você quer. Segundo, é fundamental saber quais são as suas alternativas caso a negociação não dê em nada.

Nós podemos observar que para construir a ponte, a arte da negociação deverá estar presente, permanentemente.

Concentre-se nos seus interesses e não nas suas posições.

Um exemplo interessante para esclarecer a diferença entre interesses e posições:

– Seu eu tenho uma laranja para dividir entre mim, você e um colega nosso.

O que seria uma negociação ganha/ganha, em que todos ficassem satisfeitos?

Dividir em partes iguais. Certo?

Errado!

Isso seria posição!

Se eu pesquiso os interesses e descubro que eu quero as sementes para plantar, você quer o suco da laranja e o nosso amigo quer a casca para fazer um doce, significaria dizer que ao repartir a laranja em partes iguais estaríamos todos perdendo, está certo?

Pesquisar os seus reais interesses, essa é a grande saída!

O que você quer, efetivamente, dessa negociação?

Observe os quatro passos do Método de Negociação, baseado em princípios:

1. Separe as pessoas do problema.

2. Concentre-se nos interesses e não nas posições.

3. Crie opções de benefícios mútuos.

4. Defina critérios objetivos.

Isso demanda tempo, mas demanda, sobretudo, autoconhecimento.

É como disse o William Ury "a dificuldade em lidar com os outros existe apenas porque não somos bem resolvidos com nós mesmos".

"O segredo de andar sobre a água é saber onde estão as pedras."

A citação acima, de autor desconhecido, é uma metáfora interessante, para mostrar uma das principais etapas de qualquer negociação de sucesso – o planejamento.

O planejamento permite uma antevisão do cenário, reduzindo o grau de dúvidas e surpresas da negociação.

Tal qual um mestre do jogo de xadrez, que consegue perceber vários lances à frente da jogada, o negociador experiente estuda e planeja muito antes de sentar à mesa e iniciar a negociação.

Reduzir a área de incertezas é um dos objetivos do ato de planejar, além de procurar saber e aprender tudo o que for possível sobre a outra parte.

Há uma frase atribuída ao ex-presidente americano, Abraham Lincoln, que é muito interessante e pode ser associada a etapa do planejamento:

> *"Quando me preparo para argumentar com um homem, consumo 1/3 do meu tempo pensando sobre mim e o que vou dizer e 2/3 pensando sobre ele e o que ele vai dizer".*

Mas como iniciar esse planejamento, que base norteará o meu comportamento?

Roger Fisher, William Ury e Bruce Patton, em *Como Chegar ao Sim – A Negociação de Acordos sem Concessões* – utilizam o método da negociação baseada em *princípios*, desenvolvido no Projeto de Negociação de Harvard.

Eles sugerem que "você procure benefícios mútuos sempre que possível e que, quando seus interesses entrarem em conflito, você insista em que o resultado se baseie em padrões justos, independentes da vontade dos lados".

Percebemos no texto acima, algumas palavras que poderíamos chamar de mágicas no processo de negociação: "benefícios mútuos", "interesses", "padrões justos".

Alinharmos princípios dessa natureza e conseguirmos trazer à mesa de negociação, certamente nos aproximará de uma negociação ganha/ganha.

Avaliar a situação, tirar uma "fotografia aérea", antes de qualquer coisa é um bom começo.

Pergunte-se por exemplo: Quem detém o *poder* nessa negociação?

A chave para compreender quem detém o poder é o conceito de *valor adicional* (seu valor adicional é = tamanho do bolo quando você está no jogo (–) o tamanho do bolo quando você está fora do jogo).

A estrutura do jogo e as suas regras também influenciam o poder.

Mas o poder é volátil e muda de mãos por erro de percepção – medo, insegurança, falta de informação, pressão do tempo, tudo isso pode gerar uma distorção de percepção e transferência de poder.

E é claro que os outros jogadores, envolvidos no jogo e o seu valor adicional também definem a volatilidade do poder.

Outra questão interessante é o *tempo* você tem para planejar.

Vejamos algumas questões que devemos atentar antes de sentar para negociar:

Saber o que você vai colocar na mesa (posição) e *como* vai colocar também.

(Numa negociação, nem sempre o que está sobre a mesa reflete os reais interesses, portanto simule situações se de repente o que acontecer na reunião não trouxer os resultados desejados.)

E reflita sobre as razões mais profundas (valores dos negociadores), pois esses podem influenciar fortemente as posições e os interesses.

Coloque-se no lugar do outro e responda: O que você jamais faria em uma negociação desse tipo? Do que você não abre mão?

O que é importante preservar? O que você não negocia?

Seguindo em frente, pergunte-se: que saídas eu tenho, se não der negócio?

O que pode acontecer de melhor? O que pode acontecer de pior?

Liste alternativas para evitar ou sair de impasses.

Por fim, pense no cenário, prepare o cenário: qual o melhor local e arranjo físico para essa negociação?

Não podemos esquecer, também, de buscarmos informações relevantes e, sobretudo, *com quem* buscar essas informações.

No momento em que você está na fase do planejamento, os seus valores, princípios, medos, anseios, o "filme" de outras negociações passadas (sucessos ou fracassos), são seus companheiros inseparáveis.

Como diz o adágio popular "quem não sabe aonde quer chegar, pode chegar aonde não quer".

E para fugir do adágio, temos o planejamento, temos uma estrutura, temos princípios, que longe de ser o "querer levar vantagem em tudo", leva-nos a negociações efetivas e prazerosas, a não vermos o outro como um oponente a ser vencido.

O planejamento nos leva a antever, responder questões importantes, mas sem perder de vista de que tudo isso é "matéria-prima" que nos ajudará a estruturar a negociação, permitindo-nos até fazer uso do recurso do "caco" (improviso), que os bons atores utilizam e em muitas das vezes conseguem enriquecer a peça.

Aqui nesse ponto, depois de descobrir o seu real interesse, negociar interna e externamente, podemos afirmar que "o peixe arrebentou o aquário", considerando que passou pelas reflexões acima e negociou (sobretudo) internamente...

AUTO-REFLEXÃO VI: NEGOCIANDO A CONSTRUÇÃO DA PONTE

Você já negociou a mudança com você próprio?

Já descobriu do que vai precisar abrir mão?

Você se concentrou nos seus interesses e necessidades?

O que você quer, efetivamente, dessa negociação?

PASSO **VII**

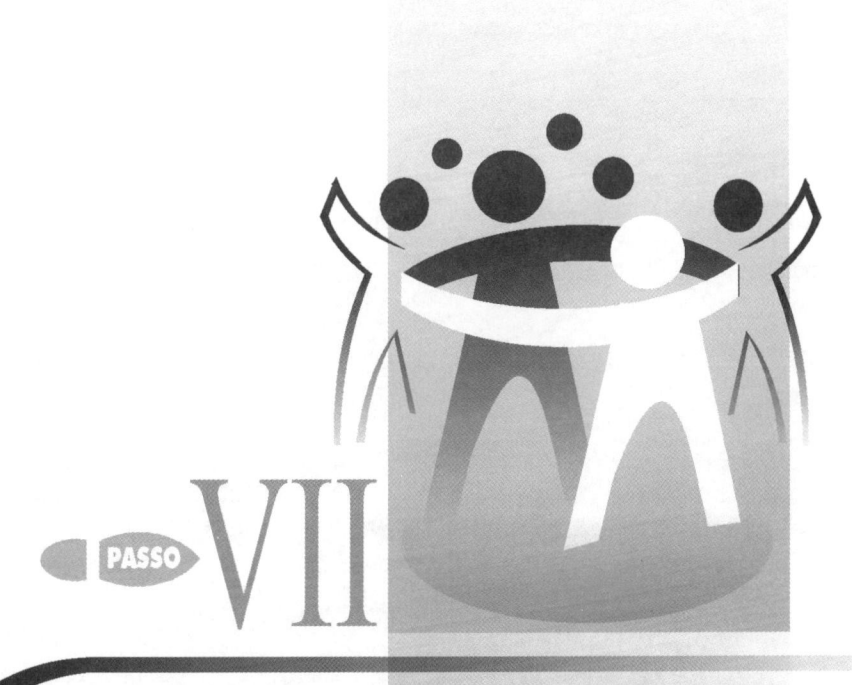

Parceiros alinhados com os seus valores

PASSO VII
Parceiros Alinhados com os Seus Valores

Ninguém consegue realizar um sonho sozinho.

A interdependência é uma realidade humana ("toda pessoa sempre é a marca das lições diárias de outras tantas pessoas").

Somos interdependentes, disso ninguém foge.

Nenhum homem é uma ilha!

Se você parar e olhar tudo que está agora, exatamente agora, ao seu redor, foi construção coletiva.

Aqui do meu computador que eu estou escrevendo, aos óculos que uso, à cadeira em que estou sentado, a casa, o ventilador, tudo, absolutamente tudo foi construído por outros, que pelo meio da troca chegaram até a mim.

É tolice pensar que você vai criar um projeto sozinho.

Disse o inesquecível e genial Raul Seixas:

"Sonho que se sonha só

É só um sonho que se sonha só

Mas sonho que se sonha junto

É realidade!".

Sonhar junto é negociar junto.

O importante é que essa busca e identificação dos parceiros estejam em acordo com os seus valores – estes precisam estar alinhados.

Ainda em *Valores Humanos no Trabalho*, Ken O'Donnel, nos mostra:

- Os valores não são a decoração de um prédio, eles são sua fundação. Devem ser fixados no coração.
- Qualquer líder que não considera importante a prática de valores não merece ser chamado de líder.
- Os valores precisam de tempo para dar resultado, mas são uma garantia de sustentabilidade.
- Nenhuma organização é mais forte que a lealdade de seus membros aos princípios em que está fundamentada.

Um dos graves problemas de qualquer relacionamento ou sociedade é a distância entre os valores e, sobretudo a falta de abertura e confiança.

A falta de abertura, nas organizações, leva a enormes desgastes emocionais e falta de produtividade.

Na construção da parceria, os dois pilares de sustentação são abertura e confiança.

Quanto mais abertura mais confiança, quanto mais confiança mais abertura – esse é o circulo virtuoso!

A falta de abertura e confiança, além dos aspectos citados, leva a perda de tempo.

Se eu não confio em você, se não sou aberto e vice-versa, nós vamos perder muito tempo buscando garantir o que um prometeu ao outro.

Os consultórios de terapeutas, dito por um deles, estariam mais vazios se as pessoas aprendessem a conversar – para isso a abertura ou verdade é a chave mestra.

A definição do Novo Dicionário Aurélio para Parceria é... "reunião de pessoas para um fim de interesse comum; sociedade, companhia".

Eu tive um colega que dizia sempre que em um time em que jogassem onze Pelé(s) ninguém iria querer cobrar lateral ou bater escanteio...

Na vida e nas empresas, a necessidade de reconhecer e valorizar o complementar, mostra-se vital e um balizador de efetividade nos resultados.

Em qualquer campo de análise de comportamentos, estilos pessoais e profissionais, preferências, motivações, podemos identificar a completude na diversidade.

Os aparentes aspectos antagônicos são no fundo o orgástico encontro entre o côncavo e o convexo.

Até mesmo a natureza nos presenteia com esse espetáculo: céu e terra, chuva e sol, noite e dia...

Quando conseguimos abstrair as visões e interesses pessoais e partimos para uma perspectiva do todo, percebemos com clareza que tudo está interligado e tudo é interdependente.

Pense nisso também quando sentar à mesa para fazer uma refeição: da estrutura da mesa, passando pelo prato, pelo alimento, quantas pessoas colocaram a sua energia, o seu tempo, o seu amor, para que você pudesse alimentar-se? Essa é uma poderosa meditação de agradecimento e reconhecimento ao quanto dependemos uns dos outros, mesmo que não tenhamos oportunidade de nos conhecer.

E o que dizer das equipes que são montadas para trabalharem juntas e produzirem um bem ou serviço? Essa interdependência está potencializada, queiramos ou não.

Quem é mais importante para a Organização? O generalista ou o especialista, o que cria ou aquele que realiza, quem produz ou quem vende, a tecnologia ou o propósito etc.?

Trabalhei durante muitos anos em grandes empresas, que possuíam toda uma cadeia produtiva, negócios fora do país, profissionais altamente qualificados que desenvolviam operações estratégicas.

Chamava-me a atenção o fato de que na mão do "oficce-boy" acabava toda aquela engenharia financeira, o depósito bancário ou entrega de um contrato definia ganhos ou perdas significativas.

Será que tínhamos consciência da importância do papel daquele profissional? Do quanto éramos interdependentes, mostrávamos a ele a importância do seu papel? Voltando à metáfora inicial do futebol, era como se ele fosse o goleiro, aquele que numa falha pessoal, ou numa grande defesa pode definir o resultado da partida.

Arrisco dizer que não, que não era claro para a equipe que o nosso sucesso era dependente da diversidade de papéis que desempenhávamos.

E sejam estilos ou papéis, o fato é que ninguém é auto-suficiente o suficiente, permita-me a redundância, para deixar de olhar o semelhante ou colega, como alguém de quem você é interdependente.

No círculo dos sonhos, da cultura indígena, podemos perceber a clareza de tudo isso: "o que um irmão não vê, o outro vê, o que um não sente, o outro sente".

A grande viagem do autoconhecimento é poder aceitar-se e aceitar o outro, reconhecer e valorizar a importância da sua presença, do seu papel.

Equipes vencedoras são compostas de profissionais interdependentes. Ampliar a consciência dessa mesma interdependência é potencializar as forças, é criar uma cultura de comportamento que valoriza a inclusão, o controle e a abertura de forma eficiente, eficaz e efetiva.

Companhia, parceria é companhia na viagem, mas para isso é importante confiar.

E para confiar é preciso prever comportamentos e valores e finalmente que estes sejam alinhados aos seus..

AUTO-REFLEXÃO VII: PARCEIROS ALINHADOS COM OS SEUS VALORES

Quem estará com você nessa "viagem"?

Os seus valores (crenças + comportamentos) são próximos?

Você consegue perceber a interdependência como uma realidade?

Você promove uma relação de abertura e confiança com eles?

PASSO VIII

A importância da auto-estima e da paciência

PASSO VIII
A IMPORTÂNCIA DA AUTO-ESTIMA E DA PACIÊNCIA

O psicólogo e consultor americano, Will Schutz, em sua magnífica obra *The Human Element* (O Elemento Humano), define:

> ... *"o autoconceito (meu sentido individual de como eu experimento a mim mesmo, de como eu me percebo) e para auto-estima (o modo como eu me sinto acerca do meu autoconceito). Quando eu me sinto bem quanto ao meu autoconceito, eu tenho forte auto-estima".*

E auto-estima consistente vai ser fundamental nessa nova etapa da vida, não tenha dúvida.

Se eu me sinto importante, competente e benquisto, as minhas ações e iniciativas estarão suportadas por isto.

O contrário também é verdade.

Então, se eu, agora no "oceano" da vida, não fui devidamente incluído em uma atividade ou programa e a minha auto-estima é consistente, eu me sinto importante, eu posso ir em frente e questionar de forma adequada.

Quando essa auto-estima é baixa, e eu não me sinto importante, a falta de inclusão por parte do outro reforça o meu autoconceito e sinto-me impotente de ir à busca do que preciso.

O que vemos claramente aqui é: Não é a atitude do outro que definirá o meu comportamento, mas a forma como eu me sinto em relação a mim mesmo.

O *Tao Te Ching*, cita "Você quer ser uma influência positiva no mundo? Primeiro, coloque sua vida em ordem".

Ainda em *O Elemento Humano*, Schutz continua:

> "...A minha hesitação em olhar claramente para mim leva-me a usar outras pessoas para evitar a minha própria realidade. Por exemplo, é mais fácil ser crítico com os outros do que lidar com a autocrítica".

Se você der 1% de chances para admitir que você seja responsável por tudo que lhe acontece, se colocar no centro da responsabilidade, vai sentir que você pode transformar a sua realidade e isso é trabalho para a sua auto-estima.

Vejam que belíssima definição nos traz o Schutz:

> "Eu fico mais satisfeito quando meu comportamento e sentimentos são flexíveis, não rígidos; quando eu estou confortável com o quanto eu me sinto vivo; quando eu determino a minha vida o tanto quanto eu quero e minhas ações podem variar de acordo com a minha vontade; quando eu me sinto importante, competente, gosto da pessoa que sou na intensidade que eu desejo. Quando o meu autoconceito se aproxima destes ideais, minha auto-estima cresce".

E a paciência?

Diz um ditado oriental que "a paciência é amarga, mas os seus frutos são doces".

A paciência será amiga de todas as horas, já a sua ausência...

A chamada "Administração Tempo" passa por essa relação com a paciência.

"*Tempo, tempo, tempo, tempo*

Compositor de destinos..."

Caetano Veloso

Muito já se ouviu falar sobre técnicas para melhor administrar o tempo, essa moeda que não conseguimos estocar...

Administrar o tempo é muito mais uma questão de autoconhecimento e gerenciamento pessoal do que a simples aplicação de técnicas.

Afinal "o que eu como a prato pleno, bem pode ser o seu veneno", como já disse o sempre citado Raul Seixas.

Para a diversidade de papéis que temos na vida (profissional, familiar, amizades, lazer) o tempo é um só e não é repartido de forma natural, mas distribuído a partir do que priorizamos.

É o equilíbrio que o sábio jardineiro conquista: Adubar a terra certa!

Nessa imagem, vamos supor que uma determinada planta esteja bem adubada – mais adubo é dispensável e pode matar a planta, por outro lado, aquela que está carente do adubo, uma vez desprezada vai morrer...

E assim se dá com a distribuição do adubo, chamado tempo.

O viciado em trabalho "workaholic" pode lotar a agenda e esquecer de outras áreas como família, amigos, lazer...

Já o viciado em lazer pode esquecer de atualizar-se e colocar foco nos seus projetos...

É mesmo um grande exercício do equilíbrio de papéis, e da coerência entre pensar, sentir e agir a partir da autoconsciência.

Disse Stewam Zweig:

> *"Um único momento decide tudo: um único sim, um único não, um muito cedo ou um muito tarde determinam a vida de um indivíduo, de um povo e até o destino de toda a humanidade".*

Algumas questões provocativas:

Eu preciso de mais tempo para quê? Trabalho, família, amigos, lazer, estudos?

O meu maior ladrão de tempo é...

Noite ou dia? Quando estou no meu melhor "pique"?

Separar o "joio do trigo" é definir o que é importante do que é urgente. E se é urgente, é urgente para quem?

Alguns conceitos interessantes e que poderão nos ajudar a classificar as nossas atividades:

- **Urgente** é toda tarefa que precisa ser feita imediatamente e que pode gerar problemas se não for executada. Em geral é o que foi deixado para a última hora. Nem sempre as urgências são prioridades.

- **Circunstancial** é tudo aquilo que foge ao seu controle. São as coisas que você faz em excesso ou contra a vontade, que não geram resultados, provocam angústia e insatisfação. São importantes para os outros, não para você.

- **Importante** é tudo o que faz diferença em sua vida, seus objetivos e sonhos pessoais ou profissionais, os momentos de lazer, exercícios. Tudo o que traga bem-estar e equilíbrio físico, mental, espiritual e emocional.

Nessa etapa, cabe uma ação importante que é o planejamento do tempo, sabendo, entretanto, que o inesperado pode chegar a qualquer momento...

Planejar o tempo significa saber o que se quer fazer e ordenar as ações para a realização da maior quantidade de atividades no menor prazo para se atingir seus objetivos.

Sem um planejamento, sem um objetivo e suas respectivas metas, a pessoa acaba sendo governada pelas circunstâncias e pelas decisões de terceiros.

E desde que a pessoa não saiba para onde está indo, o que a controlará são as forças externas.

Existe um alerta: "A vida segue sempre em frente, e é preciso ter alguém no comando, se na sua vida essa pessoa não é você, tome cuidado, alguém está no controle da sua vida!".

Não restam dúvidas de que a autoconsciência e a auto-estima serão fundamentais, também, na administração do meu tempo e conseqüentemente na minha produtividade em todos os níveis.

Um conceito interessante nos é trazido por Eckhart Tolle, em seu livro *O Poder do Agora*. Nele, o autor distingue o "tempo do relógio" do "tempo psicológico".

> *"Aprenda a usar o tempo nos aspectos práticos da sua vida – podemos chamar de 'tempo do relógio', – mas retorne imediatamente para perceber o momento presente, tão logo esses assuntos práticos tenham sido resolvidos. Assim, não haverá acúmulo do 'tempo psicológico', que é a identificação com o passado e a projeção compulsiva e contínua do futuro.*
>
> *...O principal foco de atenção das pessoas iluminadas é sempre o Agora... Continuam a usar o tempo do relógio, mas estão livres do tempo psicológico.*
>
> *Esteja alerta quando praticar isso, para que você, sem querer, não transforme o tempo do relógio em tempo psicológico."*

Administrar o tempo, a partir do equilíbrio dos papéis, pode também ser comparado a um equilibrista de circo – foco e atenção serão fundamentais nessa caminhada.

Certa vez ouvi o Amyr Klink dar um depoimento interessante em uma palestra. Dizia ele que antes de viajar para passar mais de 600 dias em seu barco, pediu ao caseiro que consertasse a luminária da varanda (o caseiro foi a última pessoa que ele teve contato).

Quando retornou, curiosamente, foi a primeira pessoa que ele encontrou, no que prontamente o caseiro disse: "Doutor, não deu tempo de consertar a luminária, mas na semana que vem eu faço isso".

É claro que ouvimos muitos risos na platéia, mas fica evidente que aquela máxima é absolutamente verdadeira: tempo é uma questão de prioridade.

Com a varinha mágica do equilíbrio entre papéis e à luz da autoconsciência, poderíamos terminar com outro verso do poeta que está na chamada acima: *"Tempo, tempo, tempo, tempo és um dos deuses mais lindos".*

No livro *A vocação de Consultor*, Geofrey M. Bellman, nos traz ótimas reflexões do seu papel de Consultor, alguém que deixou o "aquário" e lançou-se no "oceano", coisas como: "A espera como ferramenta de marketing", diz Bellman:

– ...Não ficarei batendo às portas; nem estarei aguardando em meu escritório.

Por isso preciso aprender a esperar. Descobri que é uma experiência difícil de se dominar, mas ao longo dos anos aprendi que o mundo dos negócios nos dará algo que estamos interessados em fazer se formos pacientes o suficiente.

Quanto tempo durará a espera entre a minha reunião inicial com um cliente em potencial e o telefonema dizendo que eles me esperam para assinar com eles? Muito tempo! Mais tempo do que eu imaginava quando entrei pela primeira vez no negócio.

...Enquanto espero esse novo cliente, faço outras coisas. Almoço com amigos. Mantenho-me em contato com antigos clientes. Podo a grama. Faço serviços para outros clientes. Leio. Em meu melhor estado de espírito, olho para o tempo, que tenho como uma dádiva. E espero, pacientemente. A parte da paciência é importante porque o seu oposto produz ansiedade em mim e nos clientes em potencial. Não preciso da ansiedade porque ela estraga o tempo que tenho para dedicar a outras coisas. O cliente em potencial não precisa ver que eu estou ansioso, porque ninguém gosta de contratar consultores que são ansiosos.

Sobre auto-estima e paciência é isso!

AUTO-REFLEXÃO VIII: A IMPORTÂNCIA DA AUTO-ESTIMA E DA PACIÊNCIA

Qual o seu autoconceito? Como você se sente em relação a si próprio?

Você gosta da sua companhia?

Como você administra o seu tempo?

Você tem um "plano B" para quando as coisas não acontecem como planejou?

PASSO IX

Planejamento e finanças

Passo IX
Planejamento e Finanças

Em *Construindo Estratégias para Vencer!*, Paulo de Vasconcellos Filho e Dernizo Pagnoncelli, perguntam "Qual técnica utilizar para sua empresa ter sucesso no Século XXI"?

E concluem que:

> *"nossa experiência profissional, por mais de duas décadas convivendo com centenas de empresas de reconhecido sucesso, nos leva naturalmente a responder que é o PE, ou seja, o Planejamento Estratégico".*

Pode ser que em alguns momentos o mar não esteja para peixe...

Em alguns momentos recorrer e rever o Planejamento vão ser fundamentais para que você não volte correndo para o aquário...

Um planejamento financeiro também será fundamental!

Desde o início estamos considerando que essa mudança do "aquário" para o "oceano" passa por uma ação planejada.

Relembrando, a sugestão não foi "pular do aquário", mas "arrebentar as paredes do aquário".

Para tanto, é imprescindível que no planejamento seja considerada a questão financeira.

Alguém disse certa vez que "quem diz que controla uma empresa e não controla a área financeira, não controla coisa nenhuma".

Sou Economista, fiz Pós-Graduação em Administração Financeira e Psicologia Organizacional e trabalhei durante longos dezesseis anos dentro da área financeira e sei o quanto essa afirmativa acima é verdadeira.

A saúde financeira de qualquer organização ou pessoa física é fundamental para que exista algo chamado independência dentro da já citada interdependência.

Se você não tiver uma reserva, um "colchão" para os momentos em que não está "chovendo na sua horta", você entra em desespero e tenta voltar para dentro do aquário de novo, isso pode ser frustrante.

Em *Libertando a Alma da Empresa*, Richard Barret, nos apresenta Os Sete Níveis da Consciência Corporativa:

1. Sobrevivência.

2. Relacionamentos.

3. Auto-Estima.

4. Transformação.

5. Organização.

6. Comunidade.

7. Sociedade.

Como vemos, a primeira necessidade de uma organização é a sobrevivência financeira. Sem lucros ou acesso a uma contínua corrente de fundos, as organizações rapidamente sucumbem, diz ele.

Toda organização precisa fazer da saúde financeira sua preocupação principal.

No entanto, quando as empresas se enraízam demasiadamente na consciência da sobrevivência, desenvolvem uma preocupação exclusiva com os resultados financeiros e uma profunda insegurança com relação ao futuro. Tentam apaziguar seus receios com controle excessivo e comportamento territorial.

As organizações experimentam seus mais profundos temores nesse nível de consciência.

Em *Feitas para Durar*, James Collins e Jerry Porras afirmam:

> "a lucratividade é uma condição necessária para a existência e um meio de se atingir objetivos mais importantes, mas não é o objetivo em si para muitas das empresas visionárias. Os lucros são o que oxigênio, a comida, a água e o sangue representam para o corpo; eles não são o sentido da vida, mas sem eles não há vida".

John Young (que foi diretor da HP) comenta:

> "A maximização da riqueza dos acionistas sempre foi uma das nossas últimas prioridades. Sim, os lucros são uma das bases daquilo que fazemos – são uma medida da nossa contribuição e uma forma de crescer com meios próprios – mas nunca foram o ponto principal. Na verdade, o ponto principal é vencer e a vitória é julgada pelo cliente e por se fazer algo de que podemos nos orgulhar. Há uma lógica simétrica nisso. Se deixarmos o cliente realmente satisfeito – nós lucraremos".

No livro *A Energia do Dinheiro*, Glória Pereira considera as cinco leis do dinheiro e da riqueza:

- 1ª Lei: Ganhar ou Lei da Riqueza – O pensamento é o fator causal da riqueza. Não são o trabalho ou a herança que geram riqueza, mas o pensamento.

- 2ª Lei: Gastar ou Lei da Negociação – Todos os seres humanos já nascem compradores e vendedores. O valor do produto ou serviço é uma livre negociação entre comprador e vendedor. O valor não está na mercadoria, mas é fruto da negociação.

- 3ª Lei: Fazer Circular ou Lei do Produto – O lucro é esperado em cada negociação. Neste mundo globalizado de trocas intensas, a velocidade da circulação está aceleradíssima através da infovia e não pára nunca.

  O mundo nos convida a realizar pequeno lucro em cada transação devido à concorrência de preços, porém em grande escala de operações de negociação.

- 4ª Lei: Poupar ou Lei do Sonho – Guardar dinheiro para uso específico no futuro para realizar os sonhos.

Quem não tem sonhos não tem motivo para viver. A idéia é começar a poupar para cada sonho, dando valor à unidade – 1 real. É preciso saber que programar a realização dos sonhos não é programar pesadelos nem devanear.

- 5ª Lei: Investir ou Lei do Risco – É preciso aprender a lidar com o risco e o prazer. Isso não significa investir todo o patrimônio, correndo o risco de perdê-lo, mas aprender a investir no que se gosta. Para iniciar, não passar de 5% a 10% de cada ganho.

Educação Financeira é o processo de desenvolvimento da capacidade integral do ser humano de viver bem física, emocional, intelectual, social e espiritualmente.

Se for o caso, sugiro buscar uma consultoria, um apoio, de forma que possa fazer esse planejamento, ter uma noção de fluxo de caixa, administração dos recursos e fazer do lucro uma conseqüência de um trabalho bem feito.

Você vai fazer uma longa viagem, tal qual o navegador solitário Amyr Klink.

Vai estar em alto mar.

Imagine alguém em alto mar, sem um planejamento adequado dos seus mantimentos, recursos e do chamado "plano B".

Impossível, não?

Faça uma planilha, programe entradas, saídas, mas não se esqueça de manter uma reserva.

Outra regra interessante e que vem da sabedoria popular é "não coloque todos os ovos numa cesta só...".

Auto-Reflexão IX: Planejamento e Finanças

Você costuma planejar as suas mudanças impactantes?

Você gosta de manter uma reserva para situações em que "o mar não tá prá peixe"?

Como você lida com a energia do dinheiro?

Você controla a "área financeira" da sua vida?

PASSO X

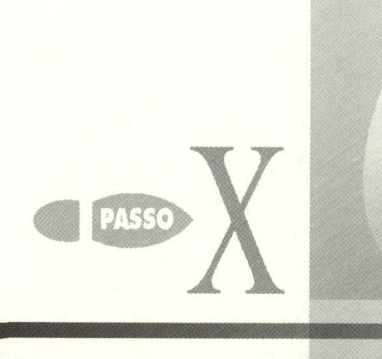

O passo em branco

Passo X
O Passo em Branco

O décimo passo vai ficar em branco.

Ele é o novo, aquilo que surpreende, o inusitado.

É estar aberto a novas possibilidades...

Como já disse o genial Raul Seixas "eu prefiro ser essa metamorfose ambulante, do que ter aquela velha opinião formada sobre tudo"...

Estamos em permanente transformação (a cada dia), a cada dia novas idéias, novos pensamentos, sentimentos, novas pessoas que surgem...

Ficar aberto à magia da vida é aprender com o aquário e o oceano de oportunidades...

Termino deixando um pensamento do já citado Amyr Klink em seu livro *Parati* e que eu utilizei para me despedir dos meus colegas, quando após vinte e dois anos de trabalho, sem estar aposentado, resolvi me atirar ao "oceano".

"Única testemunha do meu horizonte
Comemorei sentado, quieto
A minha maior conquista: Partir!
Partir para a minha mais longa travessia
E mesmo que essa viagem durasse apenas um único e mísero dia
Eu havia escapado do maior perigo de uma viagem
Da forma mais terrível de naufrágio
Não partir!"

Você tem neste livro, algumas páginas em branco. Elas estão aqui para que você escreva o seu roteiro.

Desafie os seus sonhos e construa uma ponte.

A maior viagem é a transformação
Os maiores desafios são as escolhas
Autoconsciência e auto-estima
Ajudam-nos nessa travessia

Antonio Amorim

Bibliografia

AMORIM, Antonio e GARRIDO, Victoriano. *O Barco Corporativo e as Pessoas de Atitude*. Ed. Casa da Qualidade.

BARRET, Richard. *Libertando a Alma da Empresa*. Ed. Cultrix/Amana-Key.

BELLMAN, Geoffrey M. *A Vocação de Consultor*. Ed. Makron.

COLLINS, James e PORRAS, Jerry. *Feitas para Durar: Práticas Bem-sucedidas de Empresas Visionárias*. Ed. Rocco.

FILHO, Paulo de V. e PAGNOCELLI, Dernizo. *Construindo Estratégias para Vencer: Um Método Prático, Objetivo e Testado para o Sucesso de sua Empresa*. Ed. Campus.

FISCHER, Roger, URY, William L. e PATTON, Bruce. *Como Chegar ao Sim: A Negociação de Acordos sem Concessões*. Ed. Imago.

GAUDÊNCIO, Paulo. *Minhas razões, tuas razões: A Origem do Desamor*. Ed. Gente.

KLINK, Amyr. *Gestão de Sonhos: Riscos e Oportunidades*. Ed. Casa da Qualidade.

MARCONDES, Ondino. *Como Chegar à Excelência em Negociação*. Ed. Qualitymark.

PEREIRA, Glória. *A Energia do Dinheiro: Como Fazer Dinheiro e Desfrutar Dele*. Ed. Campus.

SCHUTZ, Will. *O Elemento Humano*. Ed. Marcondes Instituto de Tecnologia Organizacional.

O Autor

Antonio Luiz Amorim, Economista, Pós-Graduado em Administração Financeira e Psicologia Organizacional.

Experiência profissional de mais de 20 anos nas áreas Financeira, Administrativa e de Recursos Humanos, com liderança de equipes em grandes empresas.

Sócio-Consultor da Antonio Amorim & Consultores Associados.

Palestrante e Consultor em temas ligados ao campo do Desenvolvimento Humano e Organizacional.

Professor de Cursos de Pós-Graduação e MBA, e Coordenador de Projetos da Fundação ADM (UFBA).

Consultor Organizacional associado à Marcondes & Consultores, Trainer com formação na metodologia The Human Element®, pela Bcon WSA International.

Presidente do Conselho Deliberativo da Associação Brasileira de Recursos Humanos – ABRH-BA e Diretor da Unipaz-BA. Co-autor de *O Barco Corporativo e as Pessoas de Atitude*.

Escritor e poeta com 9 livros publicados.

Para conhecer outros livros e trabalhos acesse www.antonioamorim.com.br

Entre em sintonia com o mundo

QualityPhone:
0800-263311
Ligação gratuita

Qualitymark Editora
Rua Teixeira Júnior, 441 – São Cristóvão
20921-405– Rio de Janeiro – RJ
Tels.: (21) 3295-9800/3860-8422
Fax: (21) 3295-9824

www.qualitymark.com.br
e-mail: quality@qualitymark.com.br

Dados Técnicos:

• **Formato:**	16×23cm
• **Mancha:**	12×19cm
• **Fontes Títulos:**	Humnst777Blk BT
• **Fontes Texto:**	Serifa BT
• **Corpo:**	11
• **Entrelinha:**	13,5
• **Total de Páginas:**	112
• **Lançamento:**	Agosto/2008
• **Gráfica:**	Edil